Bundesbahn-Dampflokomotiven

aus dem Archiv von

Carl Bellingrodt

EK-Verlag

Titelbild
Sonntagmorgen an der Schwarzwaldbahn. Nachdem viele Wanderer den Personenzug P 1412 (Offenburg – Villingen) in Triberg verlassen haben, dampft er seinem nächsten Halt, Nußbach bei Triberg, entgegen. Hinter der Zuglok **39 062** (Bw Villingen) sind die Post- und Expreßgutwagen beigestellt, 21. April 1957.

Rückseite
Der P 1230 (Koblenz – Bingerbrück) fährt mit der Zuglok **23 023** vom Bw Mainz in den Bahnhof Bacharach ein. Über den Weinbergen liegt die Burg Stahleck. Am Bahnhofszaun kann man die damals üblichen emaillierten Reklametafeln bewundern, 19. April 1953.

Bildauswahl: Hans-Jürgen Wenzel
Bearbeitung: Jörg Sauter
Bildbearbeitung: Jens Gutjahr, Sabine Ressel, Rico Schreiber

Die Aufnahmen 8, 46, 104, 130, 154, 193, 206, 209, 224 und 225 stammen von Dr. Günther Scheingraber.

Für diese Neubearbeitung wurden Aufnahmen zur Verfügung gestellt von:
Jürgen Ebel: 56, 103, 145, 176, 189, 193, 230
Eisenbahnstiftung/Joachim Bügel: 3, 5, 7, 9, 10, 11, 87, 90, 98, 99, 106, 118, 122, 124, 133, 148, 173, 180, 182, 183, 195, 200, 211, 215, 216, 222
Andreas Knipping: 35, 136
Dr. Thomas Samek: 102
Hans-Jürgen Wenzel: 14, 41, 47, 48, 51, 52, 53, 54, 65, 66, 74, 75, 77, 79, 80, 83, 84, 85, 86, 89, 100, 105, 115, 116, 117, 123, 128, 130, 134, 135, 139, 140, 143, 144, 146, 151, 152, 172, 184, 190, 191, 192, 194, 199, 202, 203, 219, 220, 221, 225, 226, 229
Alle anderen Aufnahmen stammen aus dem Archiv des Eisenbahn-Kuriers oder der Sammlung Jörg Sauter

ISBN 978-3-88255-204-1

Unser Gesamtverzeichnis erhalten Sie kostenlos unter Telefon 0761/70 31 00 oder unter service@eisenbahn-kurier.de

EK-Verlag GmbH • Lörracher Straße 16 • 79115 Freiburg • www.eisenbahn-kurier.de

Zum Geleit (Vorwort zur Erstauflage)

Sicher, die Zeit der 01, der 44, der P 8, T 18, der P 10 und vieler anderer deutscher Dampflokomotiven ist unwiderruflich vorbei. Ihr Verlust schmerzt ihre Freunde – und doch werden diese Maschinen überleben in unzähligen Fotos, in Porträts wie in Betriebsaufnahmen auf ihren charakteristischen Heimatstrecken. Ihre Freunde haben von diesen Maschinen ausgiebig Abschied genommen. Viele dieser Aufnahmen entstanden nach Maßstäben, die ein einziger Mann gesetzt hat und an denen kein Eisenbahn-Fotograf, der ernstgenommen werden will, vorbei kann: Carl Bellingrodt.

Ihm verdankt die heutige Fachwelt den Begriff der Lokomotiv-Standardaufnahme - schon allein das hätte ausgereicht, seinen Ruhm zu begründen. Daß Carl Bellingrodt schon zu Lebzeiten unangefochten und ganz selbstverständlich als „der Meister« galt, hat noch viele weitere Gründe; seine persönliche Liebenswürdigkeit gehört ebenso dazu wie sein unermüdliches Schaffen und seine Verdienste um die Eisenbahn-Fotografie. Carl Bellingrodt war es, der aus dem Chaos der Nachkriegszeit rettete was nur irgendwie erreichbar war und so unersetzliche Aufnahmen der Nachwelt erhielt. Und er war einer der ersten, der nach 1945 wieder an den Schienensträngen stand.

Der EK hat in seinem ersten Bellingrodt-Bildband die schönsten Reichsbahn-Aufnahmen des Meisters der Öffentlichkeit zugänglich gemacht. Der große Erfolg auch der folgenden Bildbände, die sich mit den Dampflokomotiven der Deutschen Bundesbahn und elektrischen Lokomotiven beschäftigten, sorgte schon nach relativ kurzer Zeit dafür, daß Nachfragen nach allen drei Werken mit »ausverkauft« und »vergriffen« beantwortet werden mußten. In Neuauflage liegt jetzt der Band »Bundesbahn-Dampflokomotiven - aus dem berühmten Lokomotiv-Bildarchiv Bellingrodt« vor; fast vergessene Baureihen in Portait- und Betriebsaufnahmen aus der Frühzeit der Deutschen Bundesbahn dokumentieren eine Zeit, die sich niemand zurückwünscht und die doch für den Eisenbahnfreund ihren Reiz hat. Auch diese Arbeit gehört zu den überragenden Verdiensten des Nestors der deutschen Eisenbahn-Fotografie.

Die Veröffentlichung dieser Fotos ist zugleich ein Dank an den Mann, der uns heute ermöglicht, eine Epoche nachzuerleben, die ohne ihn ins Nichts der Vergessenheit geraten wäre.

Eisenbahn-Kurier Verlag

Vorwort zur neu bearbeiteten Ausgabe

Sag niemals „Nie“: Im Vorwort des 2001 völlig neu gestalteten Bandes „Reichsbahn-Dampflokomotiven, aus dem Lokomotivbildarchiv Carl Bellingrodt“ hatten wir geschrieben, dass es keine Neuauflage des Bandes Bundesbahn-Dampflokomotiven geben würde. 13 Jahre später darf ich diese Aussage korrigieren und der EK-Verlag kann Ihnen nun auch diesen Bellingrodt-Klassiker in zeitgemäßer Druckqualität vorlegen. Bis auf ganz wenige Ausnahmen konnten wir alle Aufnahmen zusammentragen.

Ich wünsche den Lesern viel Vergnügen beim Betrachten der herrlichen Fotografien, die manchem Jüngeren heute wie aus einer anderen Welt vorkommen mögen. Verglichen mit der Eisenbahn von heute: Ja, die Aufnahmen entstanden in einer anderen Eisenbahnwelt!

Freiburg, im April 2014 — Jörg Sauter, Eisenbahn-Kurier

Bild 1 Als die Lokomotiven noch mit Stammpersonal besetzt waren, wurden sie auch äußerlich gepflegt. Hier zeigt sich die **01 097** vom Bw Frankfurt/Main 1 sauber abgeölt dem Fotografen, 17. Juni 1949.

Bild 2 Langsamfahrt auf einer Brückenbaustelle an der Wupper. **01 173** (Bw Köln Bbf) und **01 1073** (Bw Hagen-Eckesey) werden in einer halben Stunde mit dem D 32 (Braunschweig – Köln) ihr Ziel erreicht haben, August 1949.

Bild 3
01 039 (Bw Nürnberg Hbf) bespannte am 1. November 1954 den F 56 „Blauer Enzian“ (Hamburg-Altona – München). Diese Aufnahme zeigt den inzwischen blau lackierten Henschel-Wegmann-Zug bei Elm.

Bild 4
Im Vergleich zu Bild 3 war die zweite Wagengarnitur des „Blauen Enzian“ aus normalen Schnellzugwagen gebildet. **01 197** vom Bw Würzburg fährt am 16. Mai 1955 mit dem F 56 in den Würzburger Hauptbahnhof ein.

Bild 5 **01 209** (Bw Köln Bbf) dampft durch Bacharach am Rhein. Der E 719 (Frankfurt/Main – Dortmund) ist aus vier neuen Doppelstockwagen gebildet, 20. April 1953.

Bild 6 Der D 85 (Basel SBB – Hamburg-Altona) hat Hamburg Hbf erreicht. Am 17. Juli 1956 war **01 211** (Bw Hannover Hbf) die Zuglok.

Bild 7 Das Bw Koblenz-Mosel bespannte im Sommerfahrplan 1956 den E 855 (Koblenz – Frankfurt/Main). **01 011**, die ehemalige Vierzylinder-Verbundlokomotive 02 001, am Ufer der Lahn nahe dem Bahnhof Laurenburg am 9. September 1956.

Bild 8 Am 1. Mai, dem „Tag der Arbeit", wurden die Lokomotiven früher geschmückt. **01 075** (Bw Treuchtlingen) wartet auf den Abfahrauftrag. Viereinhalb Stunden wird sie benötigen, um den P 1907 vom Münchener Hauptbahnhof nach Treuchtlingen zu fahren, 1. Mai 1952. Hinter der Lok ein Heizkesselwagen der Bauart 1942.

Bild 9 **01 093** vom Bw Koblenz-Mosel mit E 855 (Koblenz – Frankfurt/Main) bei Limburg an der Lahn, 5. September 1956. Im Hintergrund der über 700 Jahre alte Dom, der 1235 dem Heiligen Georg geweiht wurde. Das Bauwerk vereint spätromanische und frühgotische Bauelemente.

Bild 10
Hp 2, „Ausfahrt frei mit Geschwindigkeitsbeschränkung“: D 257 (München – Frankfurt/Main) mit **01 130** vom Bw Würzburg poltert über die Weichen des Bahnhofs Hanau, 6. Juli 1952.

Bild 11
Drei B4ü-Wagen der Einheitsbauart 1930 und der Speisewagen ergeben ein Zuggewicht von rund 200 t. Für **01 130** (Bw Würzburg) ist das keine Last. Der F 20 „Glückauf“ (Köln – Frankfurt – Wien Westbhf) fährt am 28. April 1955 durch Kitzingen.

Bild 12 **01 042** vom Bw Würzburg durchfahrt den Bahnhof Heigenbrücken mit dem D 263 „Jugoslawienexpress" Beograd – Amsterdam, 22. Mai 1955. Der Zug wird gleich in den 930 m langen Schwarzkopftunnel einfahren. 1950/51 erhielten 01 042 und vier weitere Maschinen einen Kessel mit Verbrennungskammer und Heinl-Mischvorwärmer vom Typ MVR.

Bild 13 **01 1074** (Bw Hagen-Eckesey) rollt mit E 324 (Hamm – Wuppertal – Köln Hbf) durch eine Langsamfahrstelle im Bahnhof Wuppertal-Oberbarmen, 30. Mai 1951.

Bild 14
Bei den Lokomotiven der Baureihe 01^{10} wurde 1941/42 anläßlich fälliger L 2-Ausbesserungen die Verkleidung im Bereich des Fahrwerks entfernt. **01 1052** (Bw Bebra) vor dem schweren D 90 (Hamburg-Altona – München) bei Wernfeld, 24. Juni 1949.

Bild 15
01 1080 vom Bw Kassel-Bahndreieck ist Zuglok des 40 Achsen zählenden D 384 (Hamburg-Altona – München). Am Nachmittag des 9. Juni 1957 fährt er durch den Bahnhof Bad Hersfeld in Richtung Fulda.

Bild 16
Nach der teilverkleideten 03 154 wurde **03 193** von der Firma Borsig 1935 vollverkleidet geliefert. Mit ihr wurden die strömungstechnischen Versuche von Professor Nordmann fortgeführt. Bei einem RAW-Aufenthalt in Braunschweig wurde bei der Lokomotive 1941 das Triebwerk „entstromt". Die Aufnahme vom 17. April 1949 zeigt die Lok in diesem Zustand vor dem D 3 (Köln – Braunschweig) in Wuppertal-Barmen noch mit dem Tender 2'3 T 37 St.

Bild 17
Anläßlich einer L4-Untersuchung im August 1950 im AW Braunschweig wurde **03 193** vollständig entkleidet und in die Normalausführung zurückgebaut. Am 13. Juli 1952 ist die Lok des Bw Köln-Deutzerfeld vor E 292 (Köln – Frankfurt/Main) in Filsen auf der rechten Rheinstrecke zu sehen.

Bild 18 Vor der Silhouette der Zeche Königsborn III/IV kreuzt **03 166** (Bw Hannover) vor F 17 „Germania" die auf Ausfahrt wartende **01 063** (Bw Hamm P) vor F 14 „Dompfeil", 3. Mai 1956.

Bild 19 (oben)
Anfang 1948 erhielt das Bw Mainz Hbf wieder Schnellzuglokomotiven. Mit zu den ersten gehörte **03 010**. Die Aufnahme zeigt die Lok vor dem D 270 (Dortmund – Basel SBB) am 21. Juli 1949 in Bacharach.

Bild 20
03 132 (Bw Hamburg-Altona) als Zuglok des F 192 „Skandinavien-Holland-Express" durchfährt den Abzweigbahnhof Elmshorn in südlicher Richtung, 22. März 1952.

Bild 21 „Ausfahrt frei!" **03 225** (Bw Offenburg) mit dem D 270 (Dortmund – Basel SBB) am Zughaken verläßt den Freiburger Hauptbahnhof, 14. April 1952. Das badische Ausfahrsignal wie auch die Lok sind mit Indusi ausgerüstet.

Bild 22
Dieses Bild zeigt **03 292** vom Bw Köln-Deutzerfeld mit D 270 (Dortmund – Basel SBB) vor dem Hotel Engelsburg gegenüber Kaub acht Wochen vor Aufnahme des elektrischen Zugbetriebs am 4. April 1958.

Bild 23
Das Bw Köln-Deutzerfeld bespannte den E 297 von Wiesbaden bis Mönchengladbach. Am Samstag, dem 25. Juli 1953, zieht **03 093** den Eilzug, der aus den neuen 26,4 m langen Eilzugwagen mit Mitteleinstieg gebildet ist. Aufnahmeort ist Niederdollendorf, auf der rechten Rheinstrecke gegenüber Bad Godesberg gelegen.

Bild 24
03 1022 (Bw Dortmund Bbf) fährt mit E 714 (Dortmund – Frankfurt/Main) vorbei an der Burg Rheinstein. Der Zug besteht aus einer LBE-Doppelstockeinheit, 20. Mai 1951.

Bild 25
Die inzwischen neu bekesselte **03 1076** vom Bw Hagen-Eckesey verläßt den Welschen-Ennest-Tunnel, Winter 1960.

Bild 26
Die Strecke Würzburg – Frankfurt – Hannover folgt dem Werratal nördlich von Eschwege bis Oberrieden. Das Bild zeigt **10 001** vom Bw Bebra an einem schönen Septembernachmittag des Jahres 1958 mit einem schweren Schnellzug Richtung Hannover in der Nähe des Dorfes Albungen.

Bild 27
Paradeaufstellung im Bw Frankfurt/Main-Griesheim für die Teilnehmer der BDEF-Tagung 1958: **E 40 032** (Bw Frankfurt/Main 1), **66 002** (Bw Frankfurt/Main 1) und **10 001** (Bw Bebra), aufgenommen am 18. Juni 1958.

Bild 28 Noch 27 km bis Bebra, dem Heimat-Bw der **10 001**, hier als Zuglok des D 167 „Riviera-Express“ (Ventimiglia – Gotthard – Hamburg-Altona), im Bahnhof Hoheneiche, 12. August 1958.

Bild 29
Mit 82,5 t Dienstgewicht waren die württembergischen Lokomotiven der Klasse C die leichtesten aller 2'C 1'-Verbundmaschinen, die zur Deutschen Reichsbahn kamen. **18 133** (Bw Heilbronn) am 23. Juni 1952.

Bild 30
Die „schöne Württembergerin“: Hier fährt **18 102** (Bw Ulm) aus dem Bahnhof Besigheim aus, 17. Juni 1952.

Bild 31 Thiergarten (Hohenzollern) liegt im oberen Donautal zwischen Tuttlingen und Sigmaringen. **18 115** fährt am 23. August 1953, einem Sonntagmorgen, vor P 3419 (Immendingen – Ulm Hbf) in den Bahnhof Thiergarten ein.

Bild 32 **18 323** (LVA Minden), ex badische IVh, vor einem Meßzug im Bahnhof Bebra, 8. Juni 1957.

Bild 33 **18 416** (Bw Regensburg) ist eine S 3/6 der ersten Serie mit Spitzführerhaus. Der Schornstein und der Vorwärmer auf dem verbreiterten Umlaufblech sind „Zutaten" der Reichsbahnzeit. Die Aufnahme entstand am 1. Juli 1949 – gut ein Jahr später war die Lok bereits ausgemustert.

Bild 34 **18 505**, seit 1955 zur LVA Minden gehörend, vor einem Dsts, gebildet aus Meßwagen. Die Aufnahme entstand am 8. Juni 1957 am Ufer der Fulda bei Friedlos.

Bild 35 Bayerische Lokomotiven, in Preußen gebaut. 1930/31 wurde von der Firma Henschel in Lizenz die letzte Bauserie von 18 Stück (S 3/6-Serie o) gebaut. Die ersten beiden Lokomotiven dieser Serie, **18 531** und **18 532**, beide vom Bw Darmstadt, sind hier am Block Hain im Spessart am 24. September 1949 unterwegs.

Bild 36 **18 626** (Bw Regensburg), Umbau aus 18 546, am 18. März 1955 im Passauer Hauptbahnhof. 1953-56 lieferte die Firma Krauss-Maffei insgesamt 30 geschweißte Kessel mit Verbrennungskammern. Die Ausbesserungswerke Ingolstadt und München-Freimann bauten sie ein und erneuerten dabei auch die Führerhäuser.

Bild 37 1949 wurde der Gedanke, eine Ersatzmaschine für die P 8 zu entwickeln, von der Bundesbahn wieder aufgenommen. Bereits 1950 lieferte die Firma Henschel die ersten fünfzehn 1'C 1'-h2-Maschinen dieser Baureihe 23 ab. Das Bild zeigt **23 002** vom Bw Kempten mit dem P 1544 (Lindau – Kempten) am 18. Juli 1951 bei Harbartshofen im Allgäu.

Bild 38
23 005 (Bw Oberlahnstein) fährt am 3. April 1953 mit P 1467 (Koblenz – Limburg) vor einer reinrassigen preußischen Wagengarnitur durch Niederlahnstein.

Bild 39
Diese Spielchen sind bei Lokpersonalen und Kindern beliebt. Wer ist der Schnellere, wer wird gewinnen? Um die Wette fahren **23 006** (Bw Siegen) vor D 82 Düsseldorf – Frankfurt/Main und **64 301** (Bw Wuppertal-Vohwinkel) vor einem Personenzug am 17. April 1954 aus dem Bahnhof Wuppertal-Elberfeld aus.

Bild 40 Der P 1230 (Koblenz – Bingerbrück) fährt mit **23 023** vom Bw Mainz in den Bahnhof Bacharach ein. Über den Weinbergen thront die Burg Stahleck. Am Bahnhofszaun kann man die damals üblichen emaillierten Reklametafeln bewundern, 19. April 1953.

Bild 41 Die Fahrgäste des ersten Wagens durften auf „Staatskosten“ im Zellenwagen der Bauart 30 im P 1454 (Limburg – Koblenz) reisen. **23 003** (Bw Oberlahnstein) zog den Zug durch das Lahntal. Die Aufnahme entstand am Sonntag, dem 12. April 1953 bei Friedrichssegen, im Hintergrund das Wasserkraftwerk von Fachbach.

Bild 42 **24 013** (Bw Holzwickede) in fotogener Stellung am 18. August 1951. Von der Modellbahnindustrie wurde diese Baureihe „Steppenpferd" genannt – Eisenbahnern war dieser Name unbekannt, da es in Pommern, Mecklenburg und Ostpreußen, der Vorkriegsheimat der Baureihe 24, keine Steppe gab. Beachtenswert bei dieser Lok ist das durch eine Blechplatte ersetzte Führerstandsfenster.

Bild 43
24 042 auf der Drehscheibe ihres Heimat-Bw Rahden am 4. Oktober 1954. Im Lokschuppen erkennt man zwei weitere 24er und eine 56^{2-8}.

Bild 44 (unten)
In der tiefstehenden Nachmittagssonne rollt der P 1544 (Lindau – Kempten) seinem Ziel entgegen. Bespannt ist der Zug mit **38 460** vom Bw Lindau, 28. Juli 1951.

Bild 45
38 411 (Bw Lindau) fährt am Ufer des Überlinger Sees entlang. Interessant ist die Reihung des E 561. Die Aufnahme entstand am 5. September 1953 in Sipplingen.

Bild 46
1921 baute die Firma Maffei 80 Lokomotiven der Gattung P 3/5 in Heißdampfausführung. Das Bild zeigt **38 441** vom Bw Lindau im Juli 1950.

Bild 47 Nach dem Krieg wurden bei der Deutschen Bundesbahn durch die Ausmusterung der Baureihen 42 und 52 freiwerdende Wannentender mit Maschinen der Baureihe $38^{10\text{-}40}$ gekuppelt. **38 2393** (Bw Hanau) hat einen Wannentender 2'2'T 30 erhalten, 27. August 1949.

Bild 48 Samstagnachmittag, 8. August 1959, im Bw Hagen-Eckesey. Auf den Freiständen sind nebeneinander abgestellt: **38 3376, V 200 072, 50 2500** und **23 008**.

Bild 49 (oben)
38 2304 (Bw Mannheim) fährt mit einem Expressgutzug von Mannheim kommend in den Abzweigbahnhof Schwetzingen ein, 9. Mai 1954.

Bild 50 (links)
Vor 15 Tagen ist im Ruhrgebiet ein elektrischer Inselbetrieb aufgenommen worden. Die Hauptlast tragen aber noch die Dampflokomotiven. **38 2202** (Bw Mönchengladbach) und **38 3389** (Bw Hamm P) durchfahren mit E 509 (Mönchengladbach – Braunschweig) den Bahnhof Mülheim-Styrum, 17. Juni 1957.

Bild 51
38 3364 (Bw Hamm) wartet im EAW Mülheim-Speldorf auf Aufnahme in die Richthalle, 7. Juli 1957.

Bild 52
38 1407 (Bw Trier) erreicht mit dem D 21 (Paris Est – Luxembourg – Koblenz) über die noch eingleisige Moselbrücke den Bahnhof Eller. Gleich wird sie in den 4.203 m langen Cochemer Tunnel einfahren, 1. Mai 1953.

Bild 53
Zu Besuch im EAW Mülheim-Speldorf: **56 344** (Bw Bingerbrück) bekommt eine L2-Untersuchung. **38 3635** wird das EAW nach einer L 4 verlassen, 7. Juli 1957.

Bild 54
Wiesthal im Spessart, P 1303 (Würzburg – Aschaffenburg) ist aus vierachsigen Abteilwagen gebildet und mit **38 2287** (Bw Aschaffenburg) bespannt, 6. Juli 1952.

Bild 55 Ein Fernschnellzug mit klangvollem Namen: F 163 „Loreley-Express“ (Basel SBB – Hoek van Holland) bei Rheindiebach. **38 2977** (Bw Mainz Hbf) leistet **01 228** (Bw Köln Bbf) am 7. September 1952 Vorspann. Den Wagenpark bilden blau lackierte Schürzenwagen der Gruppe 39 mit aufgesetztem Schriftzug „Deutsche Bundesbahn“. Gleich hinter der Zuglok ein Kurswagen der SBB.

Bild 56 Die preußische P 10 war seit 1934 auf der Schwarzwaldbahn zuhause. **39 256** vom Bw Villingen fährt mit D 171 (Lindau – Köln) am 3. Januar 1953 in den Bahnhof Triberg ein.

Bild 57 **39 181** (Bw Heidelberg) mit F 23 „Schwabenpfeil“ (Stuttgart – Dortmund) auf dem 240 m langen Enzviadukt in Bietigheim, 25. Juni 1952.

Bild 58
P 1566 (Köln-Deutz – Gerolstein) fährt durch Urft vorbei an der Burg Dalbenden. Am 21. Juni 1953 ist **39 088** vom Bw Jünkerath Zuglok.

Bild 59
Zwischen den Stationen Kall und Urft liegt die Zementfabrik in Soetenich; an ihr vorbei fährt der P 1580 (Köln-Deutz – Trier). Die gesamten 180 km wird **39 088** (Bw Jünkerath) vor dem Zug bleiben, 21. Juni 1953.

Bild 60 Sonntagmorgen an der Schwarzwaldbahn. Nachdem viele Wanderer den Personenzug P 1412 (Offenburg – Villingen) in Triberg verlassen haben, dampft er seinem nächsten Halt, Nußbach bei Triberg, entgegen. Hinter der Zuglok **39 062** (Bw Villingen) sind die Post- und Expressgutwagen beigestellt, 21. April 1957.

Bild 61 Das Bw Villingen bespannte den D 469 (Konstanz – Frankfurt/Main – Hannover) durchgehend mit der P 10 von Konstanz bis Offenburg. **39 016** verläßt hier gerade den Kurzenbergtunnel, 5. Juni 1957.

Bild 62 Seit neun Tagen gehörte **39 239** zum Bw Jünkerath. Am 1. Mai 1958 bespannte sie den N 3540 (Köln Deutz – Jünkerath). Die Aufnahme entstand in Köln-Gereon. Im Hintergrund die Anlagen des Bahnbetriebswerks Köln Bbf.

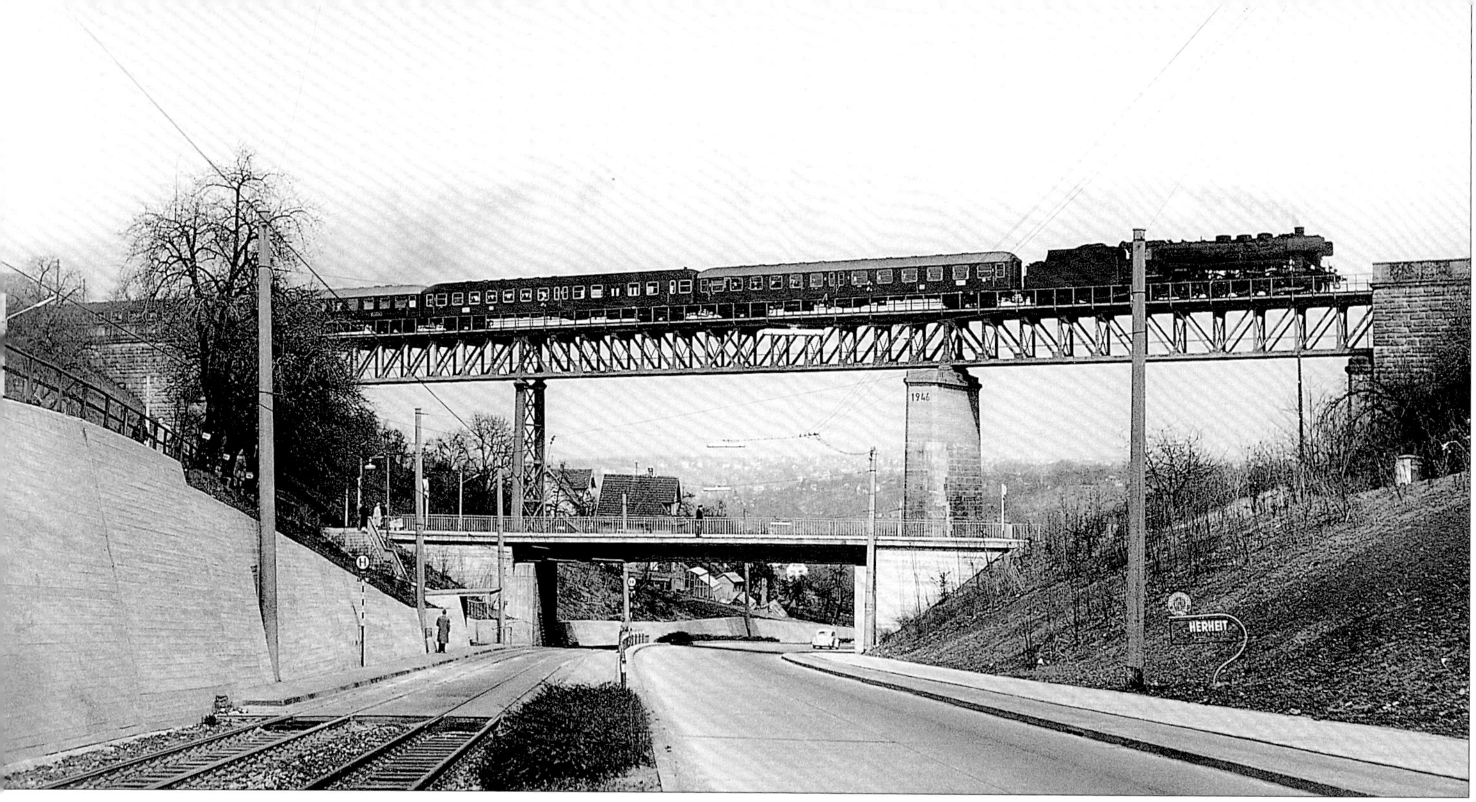

Bild 63
39 035 (Bw Stuttgart) überquert mit D 80 (Hamburg Altona – Zürich) das Kaltenbachviadukt in Stuttgart-Vaihingen, 20. April 1958.

Bild 64
Ein Sonderzug aus neun badischen vierachsigen Personenwagen wird im neuen Heidelberger Hauptbahnhof bereitgestellt. Zuglok ist **39 212** vom Bw Heidelberg, 22. Juli 1956; links **38 3841**.

Bild 65 **39 091** (Bw Villingen) mit P 1437 auf der Fahrt von Offenburg nach Villingen, 27. April 1957. Soeben hat der Zug den Bahnhof Niederwasser und den 175 m langen Obergießtunnel verlassen und fährt gleich in den Hippensbachtunnel ein.

Bild 66 Der P 1579 (Trier – Köln-Deutz) mit **39 143** vom Bw Jünkerath am 20. Juni 1961 in der Nähe von Kyllburg auf einem eingleisig rückgebauten Abschnitt der Eifelbahn.

Bild 67
39 199 (Bw Koblenz-Mosel) fährt in Richtung Nahestrecke aus dem Bahnhof Bingerbrück aus, 1. September 1954. Auf dem Nebengleis steht außer abgestellten Tendern und Lokomotiven hinter der 56^{2-8} eine der beiden 42^{90}.

Bild 68
39 143 vom Bw Jünkerath hat am 5. September 1959 den P 1555 (Jünkerath – Köln-Deutz) nach Köln gebracht. Nachdem sie den Zug abgestellt hat, wird sie ins Bw Deutzerfeld rollen. Dort erhält sie eine Nachschau und wird um 14:19 Uhr mit dem P 1580 bis Trier fahren.

Bild 69 Den Aufenthalt in Triberg nutzt der Heizer dazu, den Kesseldruck wieder zu erhöhen, denn bis zum Scheitelpunkt der Schwarzwaldbahn in Sommerau sind auf 12,7 km noch 216 m Höhenunterschied zu bewältigen. **39 114** (Bw Villingen) ist am 24. August 1952 die Zuglok des D 754 (Köln – Konstanz).

Bild 70
39 141 (Bw Kempten) läuft mit E 812 in den Lindauer Hauptbahnhof ein, 6. September 1953.

Bild 71
Im Winterfahrplan 1952/53 bespannte das Bw Dillenburg den E 784 (Aachen – Frankfurt/Main) mit der Baureihe 39 auf dem gesamten Laufweg. **39 128** steht abfahrbereit im Siegener Hauptbahnhof, 25. Mai 1953. Links davon **93 926** (Bw Erndtebrück) mit P 1614 nach Gießen.

Bild 72
Mitte der fünfziger Jahre begann der Massentourismus. Aber man reiste noch mit dem Zug in Deutschland. Das war die große Zeit der Touropazüge. **39 042** (Bw Villingen) führt am 30. August 1955 einen Touropazug vor dem mittelalterlichen Bild der Stadt Engen im Hegau an der Schwarzwaldbahn.

Bild 73
Die Kurswagen des D 8 (Stuttgart – Zürich) nach Konstanz wurden ab Singen als E 218 mit einer Villinger P 10 bespannt, hier am 18. August 1953 mit der **39 072** auf der Bodenseebrücke in Konstanz.

Bild 74 Fast jede 41er war während ihrer Betriebszeit einmal im Bw Osnabrück Hbf beheimatet. Am 23. Juni 1949, als diese Aufnahme entstand, gehörten 66 Lokomotiven der Baureihe 41 zum Bestand des Bw. Im August 1948 waren sogar 82 Loks der Baureihe 41 in Osnabrück Hbf beheimatet, im März 1950 waren es noch 49 Exemplare. Zu erkennen sind hier (v.l.n.r.) **41 354, 41 011, 41 187, 41 167, 41 351** und **41 254**.

Bild 75
Die Firma Krupp erhielt bei der Baureihe 41 ein Baulos über 31 Lokomotiven. Für jede dieser Maschinen mußte die Deutsche Reichsbahn 195.000 Reichsmark bezahlen. Aus dieser Lieferung stammt auch **41 096** vom Bw Hagen-Eckesey, 17. April 1949.

Bild 76
Reger Betrieb am Sonntagabend im Bahnhof Finnentrop. **41 092** (Bw Hagen-Eckesey) fährt gerade mit P 1257 (Altenhundem – Hagen Hbf) aus. Am Bahnsteig steht eine dreiteilige VT 98-Einheit, die als P 1417 von Finnentrop nach Bestwig fährt. Der P 1438 (Finnentrop – Olpe) mit einer 50er als Zuglok wird bereitgestellt, 11. März 1956.

Bild 77 **41 041** vom Bw Hagen-Eckesey rollt mit geschlossenem Regler in den Bahnhof Altenhundem ein. Am 8. Juli 1958 ist sie Zuglok des D 84 (Oberhausen – Frankfurt/M) – vor der Schranke ein Tempo-Dreirad.

Bild 78
41 221 (Bw Göttingen Pbf) als Zuglok des P 2783 (Göttingen – Hannover Hbf) dampft ihrem Ziel entgegen. Im Stadtteil Hannover-Wülfel überquert auf der Betonbrücke ein stadteinwärts fahrender Straßenbahnzug der Linie 8 die Bundesbahnstrecke, 4. Mai 1958.

Bild 79
41 222 (Bw Rheine) stellt sich am 18. Mai 1952 im Abendlicht dem Fotografen. Die Lok ist noch mit großen Windleitblechen der Bauart Wagner ausgerüstet. Bemerkenswert sind auch die vorderen Laufräder als Leichtradsatz und der Tender der Bauart 2'2 T 30.

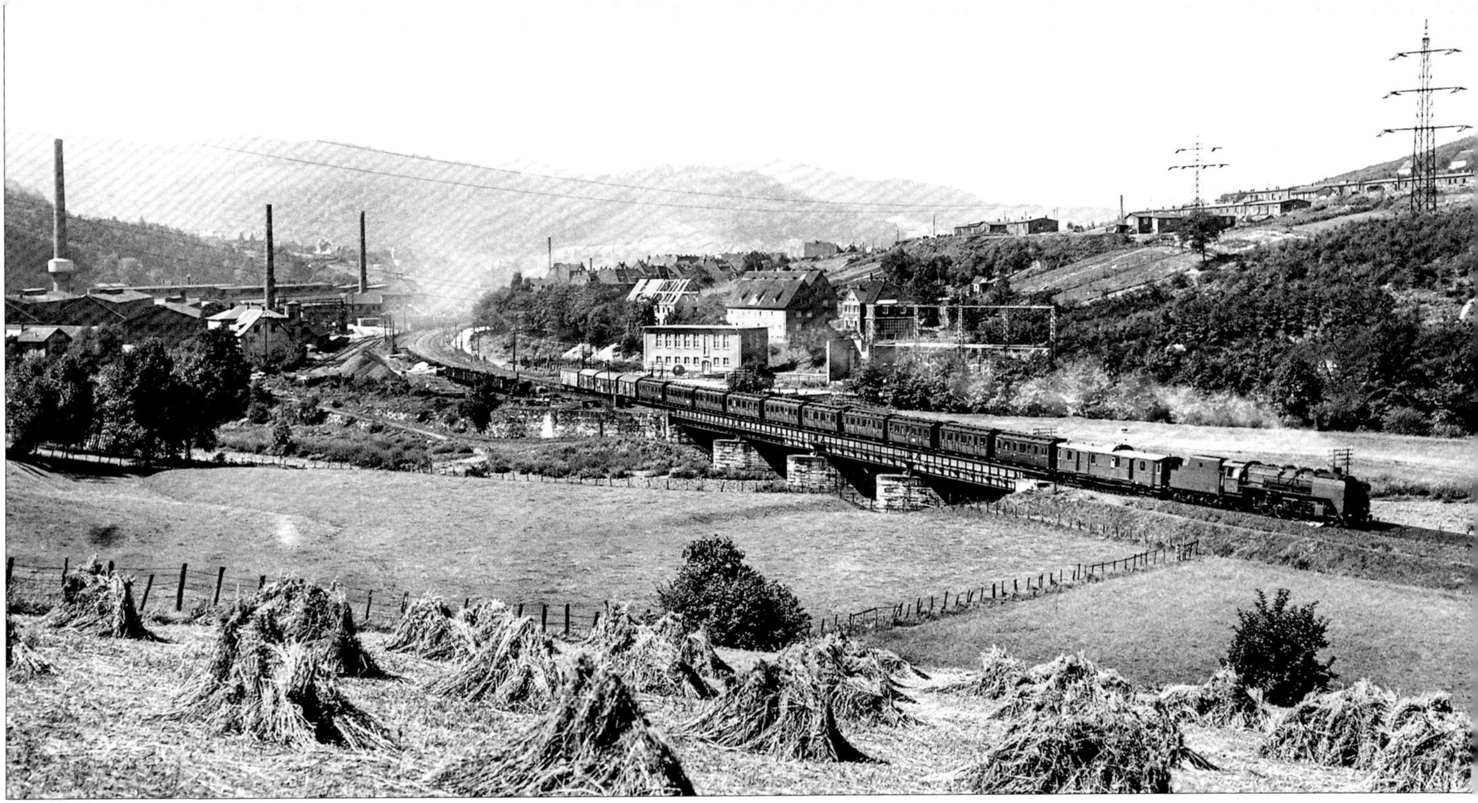

Bild 80
Die zum Trocknen aufgestellten Garben verraten dem Betrachter bereits die Jahreszeit. **41 021** vom Bw Siegen verläßt mit P 1248 (Hagen – Siegen) Hohenlimburg, 21. August 1949.

Bild 81
41 007 (Bw Fulda) als Vorspannlok und **44 640** (Bw Göttingen Vbf) als Zuglok befördern einen Güterzug über die langen Rampen des Mittelgebirges. Aufnahmeort ist Albungen im Werratal, 13. Juni 1958. Die Vorspannlok hat keine Puffer am stirnseitigen Pufferträger.

Bild 82
41 237 (Bw Bielefeld) und **50 606** (Bw Hagen-Eck) fahren unter Volldampf mit P 1618 (Hamm – Hagen) aus dem Bahnhof Bönen aus, 3. Mai 1956.

Bild 83
Dampflokparade am 3. Mai 1952 im Bw Hamburg Wilhelmsburg. Von links nach rechts: **50 161** (Bw Seelze) und **50 1446** (Bw Seelze, noch mit Maischmuck), **82 030**, dahinter **94 1593** (beide Bw Hamburg-Wilhelmsburg) und **41 100** (Bw Uelzen).

Bild 84
41 244 vom Bw Siegen fährt mit P 1248 (Hagen – Siegen) am späten Nachmittag durch Hofolpe, 3. Mai 1951.

Bild 85
Der Kesselwerkstoff St 47K erwies sich als nicht alterungsbeständig und neigte zu Rißbildungen. Die Deutsche Reichsbahn ließ darum 1943/44 39 Kessel aus dem bewährten St 34 nachbauen. 1957 bis 1961 ließ die DB noch einmal 106 Kessel (geschweißte Hochleistungskessel mit Verbrennungskammer) beschaffen, so daß die Kessel der Bauart St 47K ausgesondert werden konnten. **41 173** (Bw Kassel-Bahndreieck) mit einem neuen Kessel vor einem Güterzug bei Sterbfritz in der Rhön, 20. September 1959.

Bild 86
41 002 ist eine der beiden Vorausmaschinen der Baureihe 41. Im Gegensatz zur Serienausführung hatten sie eine Heusinger-Steuerung mit Kuhnscher Schleife. Hier die Maschine, inzwischen zum Bw Fulda gehörend, mit einem Güterzug aus dem Bahnhof Hanau ausfahrend, 5. Juli 1952.

Bild 87
Bei der 41 kräuselt sich bereits Dampf um die Sicherheitsventile. Beide Maschinen brauchen jetzt spitzen Druck im Kessel, denn gleich hinter dem Bahnhof Gemünden beginnt die Steigung in Richtung Fulda. **41 006** (Bw Fulda) und **44 1045** (Bw Aschaffenburg) vor einem Güterzug durchfahren Gemünden/Main, 1. November 1955.

Bild 88
41 244 (Bw Siegen) ist Zuglok des E 378 (Hagen – Siegen). Hier fährt sie aus dem Bahnhof Altenhundem aus, 2. Mai 1951. Der Ringlokschuppen des Bahnbetriebswerks im Hintergrund – zeitweilig Standquartier eines Zirkus – ist später völlig abgebrannt. Altenhundem ist heute ein Stadtteil von Lennestadt.

Bild 89
Den kurzen Aufenthalt nutzt der Heizer, um das Triebwerk zu überprüfen und, sofern nötig, nachzuölen. **41 317** vom Bw Fulda vor E 752 (Fulda – Würzburg) am 1. November 1955 im Bahnhof Gemünden/Main.

Bild 90 Die DB rüstete die **42 1079** im Juni 1947 mit einem Mischvorwürmer der Firma Henschel aus. Am 6. Juli 1952 zog sie, zum Bw Bamberg gehörend, einen Güterzug in Richtung Gemünden. Im Hintergrund das Viadukt über die Lohr und der Ort Partenstein im Spessart.

Bild 91 Das Bw Bamberg beheimatete nach dem Krieg eine größere Anzahl von Maschinen der Baureihe 42. **42 692** verläßt mit einem Güterzug den Würzburger Hauptbahnhof in östlicher Richtung, 6. Juni 1951.

Bild 92 Auch auf den beiden Rheinstrecken wurden die Lokomotiven der Baureihe 42 eingesetzt. **42 1008** vom Bw Bingerbrück hat Einfahrt in den Bahnhof Bacharach, 22. Juli 1949.

Bild 93
42 616 und **42 2805**, beide vom Bw Bingerbrück, fahren als Lz durch Bingen, 13. September 1952. Im Hintergrund steht das noch heute vorhandene Zollgebäude.

Bild 94
42 614 (Bw Bingerbrück) mit einem Güterzug nördlich von Bacharach, 20. Juli 1949.

Bild 95
Die beiden letzten bei der Firma Henschel im Bau befindlichen Lokomotiven der Baureihe 52 ließ die Deutsche Bundesbahn mit Franco-Crosti-Abgasvorwärmern ausrüsten. Durch den schwereren Kessel stieg die Achslast auf 18 t an. Darum wurden die Lokomotiven als Baureihe 42^{90} in den Bestand der DB übernommen. **42 9000** (Bw Bingerbrück) im Bahnhof Bingerbrück am 20. September 1952.

Bild 96
42 9000 (Bw Bingerbrück) fährt mit einem Güterzug durch den Bahnhof Boppard in Richtung Koblenz, 26. Mai 1955. Das Gleis im Vordergrund ist der Beginn der Steilstrecke Boppard – Buchholz, von Gras bewachsen das Gleis zum Bopparder Lokschuppen.

Bild 97 **42 9001** auf einer Meßfahrt im Jahre 1951. Deutlich sind am Zylinder die Anschlüsse der Meßeinrichtungen zur Aufnahme des Indikatordiagramms zu erkennen. Auch die großen Windleitbleche fehlen noch.

Bild 98 **44 443** (Bw Hagen-Vorhalle) ist mit einem Lgo (Leerwagenzug aus offenen Wagen) in Richtung Ruhrgebiet unterwegs, 31. Mai 1956. Auf einer Steinbrücke überquert sie die Lenne in der Nähe von Lenhausen.

Bild 99 Blockstelle Hain an der Rampe Laufach – Heigenbrücken. Das bayerische Blocksignal zeigt „Hp 1“. **44 275** (Bw Würzburg) und **44 894** (Bw Schweinfurt) ziehen am 24. September 1949 einen Güterzug bergauf.

jb

Bild 100 **44 499** (Bw Würzburg) überholt mit einem Güterzug im Bahnhof Heigenbrücken die am Bahnsteig wartende **45 019** (Bw Würzburg). Kurz hinter dem Bahnsteigende wird die 44 mit einem Achtungspfiff in den Schwarzkopftunnel einfahren, 22. Mai 1955.

Bild 101
Bis zur Elektrifizierung der Ruhr-Sieg-Strecke trugen 44er die Hauptlast des Güterverkehrs. **44 670** (Bw Altenhundem) rollt vor einem Güterzug mit geschlossenem Regler in den Bahnhof Altenhundem ein, 1. Mai 1951.

Bild 102
Im Bahnhof Altenhundem warten zwei Güterzüge auf Ausfahrt. Links **44 619**, daneben **44 596** (beide Bw Altenhundem); rechts steht **50 1357** vom Bw Betzdorf mit einer weiteren 50er im Schlepp, sie sind zum AW Schwerte unterwegs, Juli 1964.

Bild 103
44 1062 (Bw Koblenz-Mosel) überquert mit einem Kokszug, der aus französischen Wagen gebildet ist, auf der doppelstöckigen Straßen- und Eisenbahnbrücke die Mosel bei Bullay, 26. April 1953. Zwischen Ort und Mosel liegt die Trasse des „Saufbähnchens“ – so wurde die Moselbahn genannt. Die Fahrkarte glich einer Weinkarte, denn sie enthielt alle Bahnhöfe und Haltepunkte dieser bekannten Weingegend.

Bild 104
44 1143 vom Bw Schweinfurt erhielt am 8. Februar 1952 den Wannentender der Bauart 2'2'T 30 der **44 1002**. Der Tender wurde 1942 von den Eisenwerken Kaiserslautern gebaut und war für die Baureihe 44 angepaßt; die Windleitbleche der Lok stammen wohl von einer Kriegslok.

Bild 105 Eine typische Bellingrodt-Lokaufnahme: **44 1384** (Bw Crailsbeim), rechtsschräg, Kuppelstangen unten; 23. Juni 1952.

Bild 106
Mit geschlossenem Regler und geöffnetem Bläser rollt **44 1662** (Bw Aschaffenburg) in den Bahnhof Wiesthal, 6. Juli 1952.

Bild 107
Güterzuglokomotiven, am Morgen des 12. Juni 1952 im Bw Heilbronn abgestellt: **44 1656** (Bw Ansbach), **50 2412** und **57 1606** (beide Bw Heilbronn).

Bild 108 Mitte der dreißiger Jahre wurden die Zuglasten der Güterzüge immer größer, auch wollte man die Geschwindigkeit erhöhen. Die Firma Henschel entwickelte dafür eine 1'E 1'-h3-Lokomotive, die mit ihrer Höchstgeschwindigkeit von 90 km/h jene der 41er erreichte, dabei aber die Anhängelasten der 44er befördern konnte. Die Aufnahme im Bahnhof Partenstein zeigt **45 012** vom Bw Würzburg am 6. Juli 1952.

Bild 109 (links)
Die Heizerseite der **45 019** vom Bw Würzburg am 20. Juli 1951. Auf dem Bild sind die Bremsen an den Laufrädern gut zu erkennen, mit denen die Maschinen bis Anfang der fünfziger Jahre ausgerüstet waren.

Bild 110 (unten)
Die Steigung Laufach – Heigenbrücken hat den Kohlenberg auf dem Tender sichtbar abnehmen lassen. Jetzt fährt **45 019** (Bw Würzburg) auf Lohr zu; 26. Mai 1955.

Bild 111 Für **45 016** vom Bw Würzburg mit einer Leistung von 2.800 PSi ist dieser Zug keine Belastung. Am 6. Juni 1951 nahm der Fotograf von der Grombühler Brücke aus den aus dem Würzburger Hauptbahnhof ausfahrenden E 504 (Frankfurt – Nürnberg – Passau) auf.

Bild 112
Hier warten 660 t Schrott auf den Hochofen. Im Bahnhof Gunzenhausen sind am 18. September 1955 sechs Lokomotiven vom Bw Würzburg abgestellt; von links: **44 316** und **313** (beide ausgemustert 20.11.58), **45 004** (+ 31.01.55), **45 001**, **007** und **013** (alle + 07.09.53).

Bild 114 Hochbetrieb an der Schlackengrube des Bw Aschaffenburg. Vier Maschinen warten darauf, daß Aschkasten und Rauchkammer geleert werden. Im Vordergrund **45 008** und **44 1356**, beide vom Bw Würzburg, 24. Oktober 1953.

Bild 113 (linke Seite unten) Im Jahre 1950 erhielt **45 010** bei der Firma Krupp einen geschweißten Neubaukessel und eine mechanische Rostbeschickungsanlage der Bauart Stoker. Dadurch wurde die Arbeit des Heizers erheblich erleichtert. Am Morgen des 7. Juni 1955 dampft die Würzburger Lokomotive mit einem Güterzug am Ufer des Mains durch Zellingen.

Bild 115 Zum Arbeitszugdienst war am 18. Juli 1964 die **50 136** vom Bw Mayen auf der zweigleisigen Hauptbahn Gerolstein – Jünkerath vor einem Schotterzug unterhalb der Kasselburg beim Pelm eingeteilt.

Bild 116
50 1862 (Bw Köln-Eifeltor) hat mit einem Sonderzug im Bahnhof Bingerbrück einen Betriebsaufenthalt, 2. August 1955.

Bild 117
50 1570 (Bw Limburg) ist Zuglok des P 1458 (Gießen – Koblenz). Gemächlich zuckelt die Maschine vor der preußischen Abteilwagengarnitur durch das Lahntal bei Niederlahnstein, 23. April 1953.

Bild 118 Eine Aufnahme aus der Richthalle eines Ausbesserungswerkes sollte nicht fehlen. **50 520** (Bw Münster) erhält im AW Mülheim-Speldorf im Mai 1958 eine Untersuchung.

Bild 119 **50 433** vom Bw Lauda fährt mit P 1847 (Stuttgart – Osterburken) in den Bahnhof Besigheim ein. Bunt reihen sich Einheitspersonenwagen, Württemberger, Gepäck- und Expressgutwagen aneinander. Für die winkenden Kinder in den ersten beiden Wagen scheinen die Ferien begonnen zu haben, 17. Juni 1952. Die Lok trägt eine Turbospeisepumpe

Bild 120
50 1357 (Bw Oberlahnstein) bringt am 25. Juli 1953 einen 48 Achsen zählenden Sonderzug auf der rechten Rheinstrecke durch Niederdollendorf zum Schlesiertreffen nach Köln.

Bild 121
Noch einmal eine 50er vor einem Sonderzug, der sicherlich eine „fröhliche Fracht an Bord" hat, wie der erste Wagen, der „rollende Weinkeller", erkennen läßt. Hier **50 2599** (Bw Saarbrücken Vbf) von den Eisenbahnen des Saarlandes im Bahnhof Oberwesel am 17. August 1952.

Bild 122 P 1464 (Limburg – Koblenz) im Lahntal in Obernhof mit **50 2355** vom Bw Oberlahnstein am 9. September 1956. Im Hintergrund das über 800 Jahre alte Prämonstratenserkloster Arnstein.

Bild 123 Vereint geht's besser: **50 1615** (Bw Hagen Gbf) und **44 1248** (Bw Hagen-Vorhalle) mit einem Eilgüterzug bei Benolpe auf der Ruhr-Sieg-Strecke, 1. November 1956.

Bild 124 **50 1220** (Bw Finnentrop) ist die Zuglok des P 1255 (Siegen – Hagen Hbf). Die Aufnahme entstand an der Einfahrt des Bahnhofs Rönkhausen im Lennetal, 31. Mai 1956.

Bild 125 **50 3015**, seit dem 14. Januar 1959 von der Firma Henschel mit einem Franco-Crosti-Kessel mit Abgasvorwärmer ausgerüstet und neu als **50 4019** bezeichnet, mit einem Güterzug am 8. Mai 1960 aus Rüdesheim ausfahrend. Die Lok passiert gerade die „Brömserburg“, heute ein Weinbaumuseum.

Bild 126 50 4021 (Bw Oberlahnstein) fährt unterhalb der Ruine Burg Ehrenfels mit einem Güterzug in Richtung Niederlahnstein, März 1960.

Bild 127 Abgesehen von 55 bereits im Bau befindlichen Lokomotiven der Baureihe 52, die nach Kriegsende fertiggestellt wurden, lieferte die Firma Henschel weitere 40 Maschinen zwischen 1948 und 1951. An ihnen erprobte die DB verschiedene Mischvorwärmerbauarten. Hier **52 891** (Bw Minden) mit Heinl-Mischvorwärmer und Kolbenpumpe V 10, 25. Juli 1951.

Bild 128 Eben hat **52 1953** vom Bw Kirchweyhe einen Güterzug von Bremen nach Osnabrück gebracht. Nun wartet sie im Bw Hbf darauf, daß sie am Kohlenbansen bekohlt und anschließend gedreht wird, 23. Juli 1949.

Bild 129 (oben)
52 2023 (Bw Minden), erst nach Kriegsende im August 1945 abgeliefert, vor einem Zug aus OOtz-Wagen am 23. August 1950 in Minden.

Bild 130
Innerhalb von fünf Jahren beschafften die Bayerische Staatsbahn und die Reichsbahn 225 Heißdampfgüterzuglokomotiven vom Typ G ¾ H. Die Aufnahme zeigt **54 1717** (Bw München Hbf) in ihrem Heimat-Bw am 14. Oktober 1956.

Bild 131 **54 1686** (Bw Augsburg) bespannte am 5. März 1951 den P 2348 (Schongau – Augsburg). Die Aufnahme entstand im Bahnhof Landsberg/Lech während des Aufenthaltes.

Bild 132
Die preußische G 8^1 hat im Bezirk der Direktion Karlsruhe nie eine große Rolle gespielt: ihr Bestand hat die Zahl 20 nie überschritten. **55 3555** vom Bw Neckarelz fährt aus dem Bahnhof Eberbach mit einem Güterzug in Richtung Heidelberg aus, 26. Juli 1949.

Bild 133
Um Lokpersonal zum Bahnbetriebswerk und zurück zu bringen, wurde in Dortmund ein Pendelzug eingesetzt. Am 4. Juli 1950 pendelte **55 623** (Bw Dortmund Bbf) mit einem badischen Personenwagen.

Bild 134
Um die preußische G 8^1 noch universeller einsetzen zu können, entschloß sich die Deutsche Reichsbahn zu einem Umbau. Die Maschinen wurden mit einer vorderen Laufachse versehen. Ihre Höchstgeschwindigkeit konnte dadurch von 55 auf 70 km/h erhöht werden, wodurch die Lok auch im Personenzugdienst verwendet werden konnte. Von 1934 bis 1941 baute man 691 Maschinen um. Das Bild zeigt **56 696** (Umbau aus 55 5283) vom Bw Fulda vor P 1056 (Fulda – Jossa) im Einschnitt bei Klosterhöfe zwischen Flieden und Elm, 11. Juli 1958.

Bild 135
Noch eine Fuldaer Maschine: **56 411** (Umbau aus 55 5206) ist die Zuglok des P 1048 (Elm – Jossa), der im Bahnhof Elm auf Abfahrt wartet, 8. Juni 1958.

Bild 136
Neben der dreizylindrigen G 8^3 baute die Preußische Staatsbahn 1919 eine Variante mit zwei Zylindern. Sie kam als Gattung G 8^2 in den Bestand der Preußischen Staatsbahn bzw. der Deutschen Reichsbahn und wurde bis 1927 in 846 Exemplaren beschafft. **56 2275** (Bw Börßum) stellt sich am 5. Mai 1958 gut ausgeleuchtet dem Fotografen.

Bild 137
Einfahrt und Ausfahrt frei! **56 2141** vom Bw Alzey fährt am Einfahrsignal des Bahnhofs Bacharach vorbei, 24. Juli 1949. Auf der gegenüberliegenden Rheinseite ist die Ruine der Burg Nollig zu sehen.

Bild 138 57 1541 (Bw Heilbronn) rollt mit P 2683 (Eppingen – Heilbronn Hbf) durch Böckingen, eine links des Neckars liegende Vorstadt von Heilbronn, 21. Juni 1952.

Bild 139
57 3104 (Bw Essen-Kupferdreh) dampft mit einem Nahgüterzug aus dem Verschiebebahnhof Wuppertal-Vohwinkel, 10. August 1953.

Bild 140
Einige Cochemer 57er bekamen den Tender 2'2'T 31,5, um ohne Zwängen die engen Kurven der Stichbahn Pünderich – Traben-Trarbach befahren zu können. So auch **57 3193**, die 1954 kurzzeitig beim Bw Cochem beheimatet war.
Ihre am 14. April 1958 in Andernach entstandene Typenaufnahme steht stellvertretend für die über 2.500 beschafften Lokomotiven der preußischen Gattung G 10.

Bild 141 Preußische G 10 im Personenzugdienst im Bergischen Land. **57 1965** wurde mit P 1965 (Lennep – Dieringhausen) am 30. Juli 1950 in Gogarten aufgenommen.

Bild 142 Die Baureihe 62 war bereits im ersten Typisierungsplan der Deutschen Reichsbahn enthalten. 1928/29 lieferte die Firma Henschel 15 Maschinen. Erstmalig bei einer deutschen Tenderlokomotive konnten die Vorräte an Kohle und Wasser über dem hinteren Drehgestell untergebracht werden. Dadurch wurde erreicht, daß sich bei Abnahme der Vorräte das Reibungsgewicht nur unwesentlich veränderte. Das Bild zeigt **62 002** vom Bw Dortmund Bbf am 4. Juli 1950.

Bild 143
Den Lokomotiven der Baureihe 64 verlieh die Modellbahnindustrie den Spitznamen „Bubikopf". **64 024** (Bw Gemünden) verläßt mit P 4305 (Würzburg – Gemünden) Würzburg, 6. Juni 1951. Zwischen Haupt- und Rangierbahnhof ist die Strecke am Ufer des Mains entlang viergleisig ausgebaut.

Bild 144
64 001 (Bw Wuppertal-Vohwinkel) überquert mit einem Personenzug aus Einheitswagen die Wuppertaler Schwebebahn auf der Sonnborner Brücke in Wuppertal, 17. Juni 1955.

Bild 145 In einem Einschnitt unterhalb der Oberstadt von Warburg fährt **64 009** (Bw Warburg) mit P 1574 in Richtung Marburg, 17. Juli 1951.

Bild 146
64 253 (Bw Rosenheim) rollt mit P 1161 (Holzkirchen – Rosenheim) in den Bahnhof Rosenheim ein. Im Hintergrund das Bahnbetriebswerk, 9. August 1952.

Bild 147
Einheitslokomotive vor Einheitspersonenwagen. **64 100** (Bw Wuppertal-Vohwinkel) vor einem Np bei Wuppertal-Sonnborn, 21. Juni 1955. Beachtenswert ist der erste Personenwagen, er ist mit einem Steuerstand für geschobene Züge ausgerüstet. Darin saß der Lokführer, der dem reglerberechtigten Heizer auf der Lok per Telefon oder Klingelzeichen Anweisungen gab.

Bild 148
64 503 (Bw Würzburg) fährt mit P 4377 in Richtung Gemünden in den Ort Retzbach ein, 6. Juni 1951. Rechts sieht man den Main, im Hintergrund die Benediktushöhe.

Bild 149
Von Nördlingen aus geht eine rund 17 km lange Nebenbahn in östlicher Richtung nach Wemding. Die Aufnahme zeigt **64 348** (Bw Nördlingen) am 23. August 1959 mit dem morgendlichen Personenzug 8265 nach Wemding aus dem Bahnhof Nördlingen ausfahrend.

Bild 150 Die fabrikneue **65 010** (Bw Düsseldorf Abstellbahnhof) durchfährt vor P 3358 (Köln-Deutz – Ahrweiler) die Blockstelle Neuer Weg in Mehlem. Auf der gegenüberliegenden Rheinseite von links im Hintergrund das Hotel Petersberg (Gästehaus der Bundesregierung), die Drachenburg (Villa eines begüterten Kaufmanns, heute Museum) und der Drachenfels.

Bild 151
Ab 1950 verwirklichte die Deutsche Bundesbahn einen Teil ihres Neubauprogramms für Dampflokomotiven. Dazu gehörte die 1'D 2'-h2-Tenderlokomotive der Baureihe 65. Die Maschinen 65 012 bis 018 wurden mit Wendezugsteuerung geliefert. Hier **65 015** (Bw Essen Hbf) mit Np 2165 (Düsseldorf – Essen) am 23. September 1956 auf der Ruhrbrücke in Kettwig.

Bild 152
Die ersten sieben Lokomotiven der Baureihe 65 wurden an das Bw Darmstadt geliefert. Durch spätere Umbeheimatungen wurde der Bestand auf elf Loks erhöht. Hier dampft **65 006** (Bw Darmstadt) mit P 2728 aus dem Darmstädter Hauptbahnhof, 4. Oktober 1953. Unter dem Gepäckübergang kann man den Kopf eines abgestellten US-Schnelltriebwagens sehen.

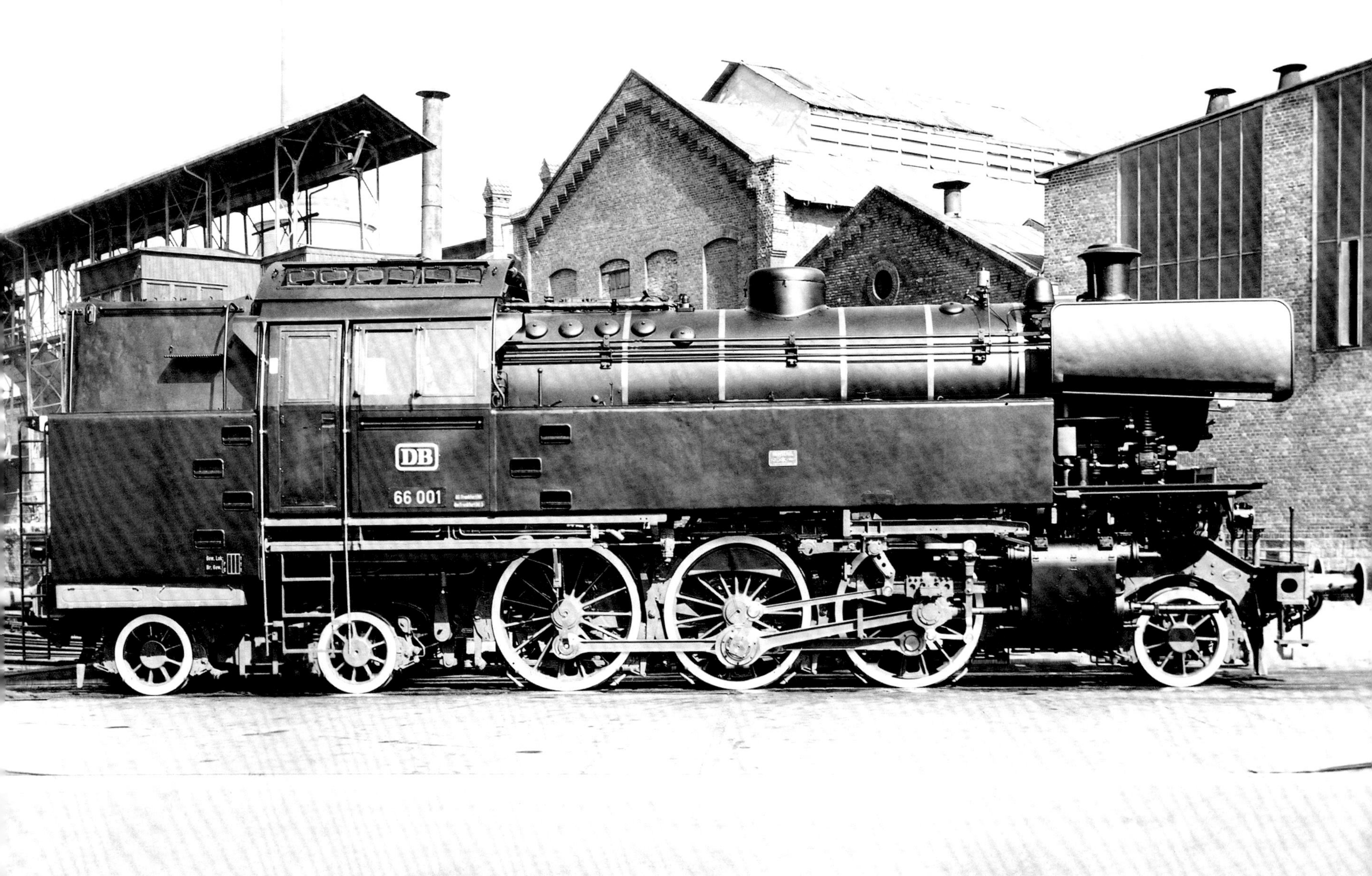

Bild 153 **66 001** im Werkhof der Firma Henschel & Sohn in Kassel – auch sie wurde nicht so alt wie die Vorkriegslokomotiven der Baureihen 64 und 78, die sie eigentlich ablösen sollte.
Werkaufnahme Henschel/Archiv Carl Bellingrodt

Bild 154 Die Bayerische Staatsbahn beschaffte von 1909 bis 1916 insgesamt 97 Maschinen der Gattung PtL 2/3, die alle von der Firma Krauss in München geliefert wurden. Konstruiert waren sie für den Einsatz auf Nebenbahnen. In Prien zweigt die 9,6 km lange Nebenbahn nach Aschau ab. **70 068** (Bw Rosenheim) im Juli 1950 in Prien.

Bild 155 90 Minuten benötigt **70 030** (Bw Ingolstadt) mit P 2664 von Riedenburg nach Ingolstadt Hbf. Mit ihren drei Wagen fährt sie am 17. Juli 1953 in den Bahnhof Ingolstadt Nord ein.

Bild 156
Wer mit diesem Zug fuhr, mußte Zeit haben. Der GmP 8923 (Ansbach – Windsbach) beförderte auch Güterwagen auf der Strecke Wicklesgreuth – Windsbach. Unterwegs wurde dann auf jedem Bahnhof kräftig rangiert. **70 093** (Bw Ansbach) am 13. Juli 1955 in Neuendettelsau.

Bild 157
Sie mußten bereits damals Abschied von der Schiene nehmen: **70 017**, **70 024** und **70 026** stehen ausgemustert im Bw Nördlingen abgestellt, 23. August 1959.

Bild 158
Als Alternative zu den Triebwagen beschaffte die Deutsche Reichsbahn leichte 1'B 1'-h2-Tenderlokomotiven. Durch eine mechanische Rostbeschickung war es möglich, diese Maschinen im Einmannbetrieb zu fahren. **71 004** vom Bw Kaiserslautern am 1. November 1952.

Bild 159 (unten)
71 004 (Bw Kaiserslautern) fährt mit P 789 aus dem Hauptbahnhof von Kaiserslautern aus, 1. November 1952.

Bild 160
Neben dem Berliner Raum war Hamburg das zweite bedeutende Einsatzgebiet der T 12. So hatte sie bis zum Schluß ihres Einsatzes die Leerzüge von Altona in die Abstellanlage Langenfelde und zurück zu bringen. **74 767** (Bw Hamburg Hbf) unter der alten Ausfahrsignalbrücke in Hamburg-Altona. Im Hintergrund zieht eine weitere 74er einen Zug ab.

Bild 161
Im Jahre 1949 kuppelte das Bw Oldenburg Hbf fünf Maschinen der Baureihe T 12 (74 510, 520, 632, 672 und 963) mit einem dreiachsigen Tender. Mit ihnen sollte wegen Mangels an Lokomotiven der Reihen 24 und 55^{16-22} durch größeren Wasservorrat der Aktionsradius der Maschinen erhöht werden. Hier **74 520** vom Bw Delmenhorst, die seit Dezember 1949 mit einem Tender der Bauart 3 T 12 lief. Ungewöhnlich ist die Anbringung des Lokschildes am Tender.

Bild 162 Für den schnellen Personenzugdienst beschafften die Königlich Württembergischen Staats-Eisenbahnen 96 1'C 1'-h2-Tenderlokomotiven als Klasse T 5. Die Maschinen bewährten sich so gut, daß sie sogar im Schnellzugdienst Stuttgart – Immendingen eingesetzt werden konnten. Auf dieser Strecke wurde **75 011** vom Bw Aulendorf in Langenbronn bei Hausen im Mai 1960 aufgenommen.

Bild 165 Noch einmal eine Aulendorfer T 5 im jungen Donautal: **75 037** im Juli 1953 vor P 3418 bei Thiergarten.

Bild 163 (linke Seite oben) In Beimerstetten an der Strecke Ulm – Geislingen begegnen sich **75 007** vom Bw Aulendorf und der nagelneue ET 30 004, 26. Mai 1956.

Bild 164 (linke Seite unten) **75 008** (Bw Aulendorf) dampft mit P 3536 (Memmingen – Aulendorf) aus Memmingen heraus, 4. Juli 1949.

Bild 166 **75 210** (Bw Neckarelz) ist mit P 2309 (Heidelberg – Moosbach/Baden) nach Eberbach gekommen. Hier besteht für die Reisenden Anschluß an E 556 (Frankfurt/Main – Hanau – Stuttgart), der eben mit **38 3142** (Bw Stuttgart) auf Gleis 3 eingefahren ist, 26. Juli 1949.

Bild 167 Neustadt/Schwarzwald. Hier endet der elektrische Betrieb der Höllentalbahn. Während die 85er, die den P 1573 (Freiburg – Villingen) nach Neustadt gebracht hat, über Gleis 2 zurücksetzt, geht **75 483** (Bw Villingen) vor den Zug und wird ihn bis Villingen ziehen, 13. Juni 1954.

Bild 168 Die Eutin-Lübecker Eisenbahn beschaffte 1936 und 1939 bei Henschel je eine 2'C 2'-h2-Tenderlok, die der preußischen T 18 entsprach, und reihte sie als Nummer 1^{III} und 2^{III} ein. Als die Bahn 1941 von der Deutschen Reichsbahn übernommen wurde, erhielt Lok 1 die neue Betriebsnummer **78 329**. Am 22. Februar 1952 gehörte sie zum Bestand des Bw Hamburg-Altona und war an diesem Tag mit P 3561 (Hamburg-Altona – Elmshorn) im Hamburger Vorortverkehr eingesetzt.

Bild 169
78 227 (Bw Köln-Deutzerfeld) fährt mit einem Personenzug in den Bahnhof Rolandseck ein, 2. Mai 1954. Im Hintergrund grüßt die Ruine des Rolandbogens.

Bild 170
78 271, auch eine Deutzerfelder T 18, ist Zuglok des N 3353 (Remagen – Köln-Deutz). Die Aufnahme entstand am 15. Mai 1954 in Bad Godesberg.

Bild 171 Die Sonnborner Brücke in Wuppertal (vgl. Bild 144) – nun von der westlichen Seite aus gesehen: Mit einem Personenzug überquert **78 128** (Bw Wuppertal-Vohwinkel) die Schwebebahn, 25. März 1958.

Bild 172 (oben)
Dieses Bild zeigt die beiden 2'C 2'-Personenzugtenderlokomotivtypen der Deutschen Reichsbahn, die ehemalige preußische T 18 **78 369** vom Bw Hagen-Eck und die Einheitslok **62 001** vom Bw Dortmund Bbf am 4. Juli 1950.

Bild 173
Neben der Preußischen Staatsbahn beschaffte auch die Württembergische Staatsbahn die T 18. Hier **78 164** (Bw Nürnberg Hbf), eine der 20 württembergischen Exemplare, vor dem mittäglichen P 1723 (Ansbach – Nürnberg Hbf) abfahrbereit im Bahnhof Ansbach am 21. September 1955.

Bild 174 1951 baute die Firma Krauss-Maffei zwei Maschinen der Baureihe $38^{10\text{-}40}$ um. Mit einem neuen zweiachsigen Kurztender wurden sie als 78 1001 und 1002 wieder in Dienst gestellt. **78 1002** (Bw Lindau) vor D 161 (Innsbruck – Paris Est) in Überlingen am 6. Juli 1954. Die Wagen für diesen Zug stellte die Französische Staatsbahn SNCF.

Bild 175 **80 032** (Bw Gemünden) im Verschiebedienst am 1. November 1955 im Bahnhof Gemünden/Main. Als Ersatz für die veralteten C-Kuppler der Länderbahnen war die Baureihe 80 vorgesehen gewesen, es wurden jedoch nur 39 Stück von der Deutschen Reichsbahn beschafft.

Bild 176 **80 038** ist eine von drei Maschinen dieser Reihe, die das Bw Ansbach 1955 beheimatete. Hier ist sie am 21. September 1955 im Rangierdienst im Bahnhof Ansbach eingesetzt.

Bild 177 Blick an einem Samstagmorgen in das Bw Hamburg-Wilhelmsburg. Auf der Drehscheibe die von Henschel gebaute **82 031**, im Vordergrund rechts **87 001**, 12. Mai 1952.

Bild 178 Dieses Bild stellt eine Rarität dar! **85 002** (Bw Freiburg) als Zuglok vor drei Touropawagen auf der Höllentalbahn. Nachgeschoben wird von einer Lok der Baureihe 50! Die Aufnahme entstand am 30. September 1955 oberhalb des Ravennaviadukts.

Bild 179 In den fünfziger Jahren hatte die Höllentalbahn dienstags ihre größte Streckenbelastung: Morgens kamen die Touropazüge aus Nord- und Westdeutschland in Freiburg an. Sie wurden hier geteilt und mit zwei, manchmal drei Lokomotiven pro Zug in den Hochschwarzwald befördert. Abends fuhren die Züge dann wieder ungeteilt zu Tal. **85 007** und **85 008** (beide Bw Freiburg) auf dem Ravennaviadukt am 13. September 1955 vor einem Touropazug.

Bild 180 Die Einheitslokomotive **86 816** (Bw Passau) mit angebauter Schneepflugschar rangiert im Passauer Hauptbahnhof am 18. März 1955.

Bild 181 (oben)
86 196 vom Bw Aschaffenburg befördert einen Bauzug der Signalwerkstätte Nürnberg auf der Rampe Laufach –Heigenbrücken am 9. Oktober 1957 talwärts.

Bild 182
Feiertagsruhe auf dem Hauptbahnhof von Kaiserslautern. **86 255** (Bw Kaiserslautern) am 1. November 1952 vor P 948.

Bild 183
Personenzugverkehr im Stundentakt. Auf der Strecke Gevelsberg Nord – Wuppertal-Vohwinkel fuhr alle 60 Minuten, ab Schwelm sogar alle 30 Minuten ein Zug. Drei preußische Abteilwagen und **86 199** (Bw Wuppertal-Steinbeck) als P 3050 (Gevelsberg Nord – Wuppertal-Vohwinkel – Wuppertal-Unterbarmen), 12. Mai 1949.

Bild 184
Am Fuße des Vogelsberg liegt Hartmannshain. Hier endet auch die Gelnhäuser Kreisbahn (die Gleise vor dem Zaun). **86 574** (Bw Fulda) mit einem morgendlichen Personenzug nach Lautersbach am 9. Juli 1958.

Bild 185
Als Ersatz für die Dreikuppler im Hamburger Hafengelände beschaffte die Deutsche Reichsbahn 1927/28 16 E-gekuppelte Tenderlokomotiven. Damit sie die engen Gleisbögen im Hafen durchfahren konnten, wurden sie mit Luttermöller-Antrieb ausgerüstet (erste und fünfte Achse über Zahnräder gekuppelt). **87 001** in ihrem Heimat-Bw Hamburg-Wilhelmsburg am 12. April 1952.

Bild 186 (oben)
Nachdem das Bw Hamburg-Wilhelmsburg 14 Lokomotiven der Baureihe 82 aus Neulieferungen bekommen hatte, wurden die 87er nach und nach abgestellt. **87 007**, **87 010**, **87 014**, **87 009** und **87 013** im Bw Hamburg-Wilhelmsburg abgestellt, 3. Mai 1952.

Bild 187
87 013 (Bw Hamburg-Wilhelmsburg) wurde nach einem Unfall abgestellt, 3. Mai 1952. Bei dieser Lok sieht man das zusätzliche Funkensieb, das per Seilzug vom Führerstand aus für den Einsatz in feuergefährdeten Gebieten des Hamburger Hafens bedient werden konnte.

Bild 188
Die bayerische R 3/3, die „bayerische T 3“. Hier zieht **89 829** vom Bw Regensburg einen leeren Eilzug ab. Regensburg Hbf, 8. Januar 1956.

Bild 189
Nach einem Unfall, bei dem die Steinladung der Flachwagen verrutschte, muß der 25-t-Dampfkran „Erste Hilfe“ leisten. **89 638** (Bw Bamberg) befördert den Kran im Würzburger Hauptbahnhof zu seinem Einsatzort, 5. Juni 1951.

Bild 190 Henschel in Kassel baute diese preußische T 3 im Jahre 1883. Bereits vor Erstellung des endgültigen Umzeichnungsplans der Deutschen Reichsbahn schied die Maschine aus dem Betriebsbestand aus und wurde dem RAW Siegen als Werklok zugeteilt. Dort erhielt sie die Inventarnummer 004. Die Aufnahme vom 19. Oktober 1950 zeigt die Lok vor einem Wagen der Nachbildung der ersten deutschen Eisenbahn Nürnberg – Fürth im AW Siegen.

Bild 191 (oben)
Über 2000 Maschinen der Gattung T 9^3 erwarb die Preußische Staatsbahn von verschiedenen Herstellern. Auf fast jeder Nebenbahn waren sie zu finden. **91 1525** (Bw Heilbronn) rangiert in Heilbronn am 25. Juli 1949.

Bild 192
Blick über den Hauptbahnhof Kaiserslautern am 2. Dezember 1952. Links am Bahnsteig eine 94^{5-17}, in der Mitte **91 795** und rechts eine 50er.

Bild 193 **92 2034** (Bw München-Thalkirchen), eine bayerische R 4/4. Thalkirchen liegt an der mit 750 Volt Gleichstromspannung elektrifizierten Strecke München Isartalbahnhof – Höllriegelskreuth – Grünwald. Rechts hinter der Lok kann man den **ET 182 21** erkennen, einen ehemaligen Berliner S-Bahn-Wagen, Mai 1952.

Bild 194 **93 743**, eine preußische T 14^{1}, befördert den abendlichen Personenzug 2653 (Wuppertal-Vohwinkel – Kettwig) am 18. Mai 1953 bei Aprath.

Bild 195 Mit 335 m Stützweite ist das Marbacher Viadukt das zweitgrößte im Bereich der BD Stuttgart. Es überquert den Neckar und eine Landstraße. **93 660** (Bw Stuttgart) verläßt mit P 1716 Marbach/Neckar am 19. Juni 1952 nach Ludwigsburg.

Bild 196
Die Strecke Backnang – Marbach verläuft im Tal der sich dahinschlängelnden Murr. Der Personenzug 1730 (Backnang – Marbach/Neckar – Ludwigsburg) wird am 19. Juni 1952 von **93 551** des Bw Stuttgart geführt.

Bild 197
Im Stadtgebiet von Hamburg gab es sechs Bahnbetriebswerke. Das Bw Hamburg-Wilhelmsburg, hier ein Blick auf den Rundschuppen, beherbergte abgesehen von einigen 56^{2-8} nur Tenderlokomotiven der Baureihen 82, 87, 93^{5-12} und 94^{5-17}. Ihr Einsatzgebiet waren der Verschiebebahnhof Wilhelmsburg und das Hafengebiet zwischen Norder- und Süderelbe, 12. April 1952.

Bild 198
93 808 (Bw Pforzheim), eine „württembergische" T 14[1], überquert vor P 3170 (Pforzheim – Wildbad) auf der 48 m langen Fachwerkbrücke die Enz am Bahnhof Neuenbürg (Württ.), 17. November 1953.

Bild 199
Am Rande des Rothaargebirges liegt der Ort Hallenberg an der Strecke Bestwig – Winterberg – Frankenberg (Eder). **93 892** (Bw Bestwig) ist am 7. Juli 1956 mit einem Güterzug gekommen und wird gleich mit dem Rangieren beginnen.

Bild 200
94 969 vom Bw Passau ist mit Rangierfunk ausgerüstet. Hier am 18. März 1955 in ihrem Heimat-Bw.

Bild 201
Das Abdrücksignal zeigt „Ra 7“ (Auftrag zum langsamen Abdrücken). **94 837** (Bw Bochum-Langendreer) drückt einen Güterzug über den Ablaufberg im Bahnhof Bochum-Dahlhausen, 24. August 1960.

Bild 202 (oben)
94 1650 (Bw Wuppertal-Vohwinkel) leistet **50 2200** (Bw Düsseldorf-Derendorf) Vorspann vor einem Güterzug bei Erkrath, 23. Juli 1960.

Bild 203
Die Strecke von Boppard nach Buchholz muß auf 6,3 km Länge einen Höhenunterschied von 328,5 m überwinden. Nachdem zuerst Zahnradlokomotiven der preußischen Gattung T 26 hier den Dienst versahen, wurde ab 1927 die Baureihe 94^5 mit Gegendruckbremse eingesetzt. Den Güterzug schiebt **94 1363** vom Bw Bingerbrück am 11. Juni 1955 die Steigung durch das Mühlental hinauf, vorne die Sesselbahn zum Vierseenblick.

Bild 204 (oben)
Der Güterzug, der mit zwei Loks der Baureihe 44 bespannt ist, wird auf der Rampe Laufach – Heigenbrücken von **95 007** (Bw Aschaffenburg) nachgeschoben. Die Aufnahme entstand in der Nähe der Blockstelle Hain am 24. September 1949.

Bild 205
Hier warten drei Maschinen der Baureihe 95 vor dem Lokschuppen in Laufach auf ihre nächsten Schiebeleistungen. Von links: **95 002**, **95 007** und **95 006** (alle vom Bw Aschaffenburg) am 25. September 1949.

Bild 206 Als die auf der Strecke Honau – Lichtenstein von der Württembergischen Staatsbahn eingesetzten Zahnradlokomotiven der Klasse Fz wegen gestiegener Zuglasten nicht mehr ausreichten, erhielt die Maschinenfabrik Eßlingen den Auftrag, eine fünffach gekuppelte Zahnradlokomotive zu bauen. Die vier Lokomotiven sollten als Klasse Hz eingereiht werden. Die Ablieferung erfolgte aber erst 1923 bzw. 1925 an die inzwischen gegründete Deutsche Reichsbahn, die den Lokomotiven die Nummern 97 501 bis 97 504 gab. Die Aufnahme zeigt **97 501** vom Bw Tübingen im Mai 1954.

Bild 207 **97 501** (Bw Tübingen) hat Einfahrt in den Bahnhof Honau, 11. Juli 1953. Eben hat sie die Zahnstange verlassen. Interessant ist der Packwagen: Er gehört zu einer Serie von fünf dreiachsigen Gepäckwagen mit Postabteil und Bremszahnrad auf der mittleren Achse. Dazu gab es auch dreiachsige Personenwagen mit Bremszahnrad.

Bild 208 (oben)
Kein Bild könnte bayerische Nebenbahnromantik besser darstellen als dieses! **98 318** vom Bw Nördlingen, dahinter ein Güterwagen des Gattungsbezirks Kassel, ein kleiner Lokalbahn-Gepäckwagen und am Schluß ein Personenwagen 3. Klasse mit „Holzpolsterung“. Dieses Züglein fuhr am 26. Mai 1953 auf der Strecke Monheim – Fünfstetten als P 2176.

Bild 209
Hier noch einmal eine Lokaufnahme der bayerischen PtL 2/2 in der Ausführung ohne Blindwelle: **98 310** in ihrem Heimat-Bw Rosenheim im Sommer 1951.

Bild 210 Mit 139 Exemplaren bauten Krauss und Maffei die bayerische D XI als größte Serie für die Localbahnen Bayerns. **98 551** (Bw Aschaffenburg) am 19. Juni 1949 vor P 3835 bei Hobbach (Strecke Obernburg-Elsenfeld – Heimbuchenthal).

Bild 211 Für die pfälzischen Bahnen wurden 15 Maschinen der Gattung T 4.1 beschafft. Sie entsprachen weitgehend der bayerischen D VIII. 98 681 schied 1939 aus dem Betriebsbestand aus und wurde im RAW Ludwigshafen Werklok. Dort erhielt sie die Inventarnummer 805.80.01. Die Aufnahme entstand am 30. Januar 1954 im EAW Ludwigshafen.

Bild 212 Vom Bahnhof Obernburg-Elsenfeld an der Strecke Aschaffenburg – Miltenberg zweigt eine Nebenbahn nach Heimbuchenthal ab. Auf ihr trödelt **98 818** vom Bw Aschaffenburg mit dem Mittagspersonenzug 3835 nach Heimbuchenthal. Oberhalb des Bahnhofs Wintersbach (Unterfranken) entstand am 22. Mai 1953 diese Aufnahme.

Bild 213
Bei der hochsommerlichen Hitze nutzt das Lokpersonal eine Pause, um sich außerhalb der Lok etwas abzukühlen. **98 833** vom Bw Kempten als Rangierlok im Bahnhof Memmingen, 4. Juli 1949.

Bild 214 (unten)
Abfahrbereit steht im Bahnhof Höllriegelskreuth **98 823** (Bw München-Thalkirchen) mit P 2841 (Wolfratshausen – München Isartalbhf), Juli 1950. Davor steht **ET 182 11** vom Bw München-Thalkirchen. Er entstand aus zwei umgebauten Berliner S-Bahn-Beiwagen der Baureihe 167, die nicht mehr nach Berlin geliefert werden konnten.

Bild 215 (oben)
Um den Verkehr auf den bayerischen Nebenbahnen zu beschleunigen, ließ die Deutsche Reichsbahn die bewährte bayerische GtL 4/4 von der Firma Krauss überarbeiten. Ab 1929 entstanden so 45 D1'-h2-Lokomotiven. Der Aufsichtsbeamte des Bahnhofs Landsberg/Lech steht mit dem Befehlsstab da und wartet auf das „Springen" der Uhr. Dann wird sich **98 1029** (Bw Kempten) mit dem GmP 9505 nach Schongau in Bewegung setzen, 6. März 1951.

Bild 216
1960 waren im Bw Lindau noch zwei Lokomotiven der Baureihe 98^{10} beheimatet. Eine davon wurde auf der Strecke Röthenbach (Allgäu) – Scheidegg eingesetzt. Am 26. September 1960 zieht **98 1026** den Mittagspersonenzug 3365 nach Scheidegg.

Bild 217 1937, ein Jahr vor der Übernahme durch die Deutsche Reichsbahn, erhielt die LAG zwei 1'D 1'h2-Tenderlokomotiven von Krauss-Maffei geliefert. Von der DRG wurden sie als 98 1801 und 1802 übernommen. **98 1801** (Bw Ingolstadt) am 18. Juli 1953 in fotogener Stellung.

Bild 218 Die bayerische D VII „Uttenreuth“ konnte sich nach ihrer Ausmusterung noch lange als Schleppfahrzeug Nummer 5 des Bw Nürnberg Hbf halten. Die Aufnahme zeigt sie am 20. April 1955 im Bw-Gelände. Bei der Deutschen Reichsbahn hatte sie die Betriebsnummer **98 7639** getragen.

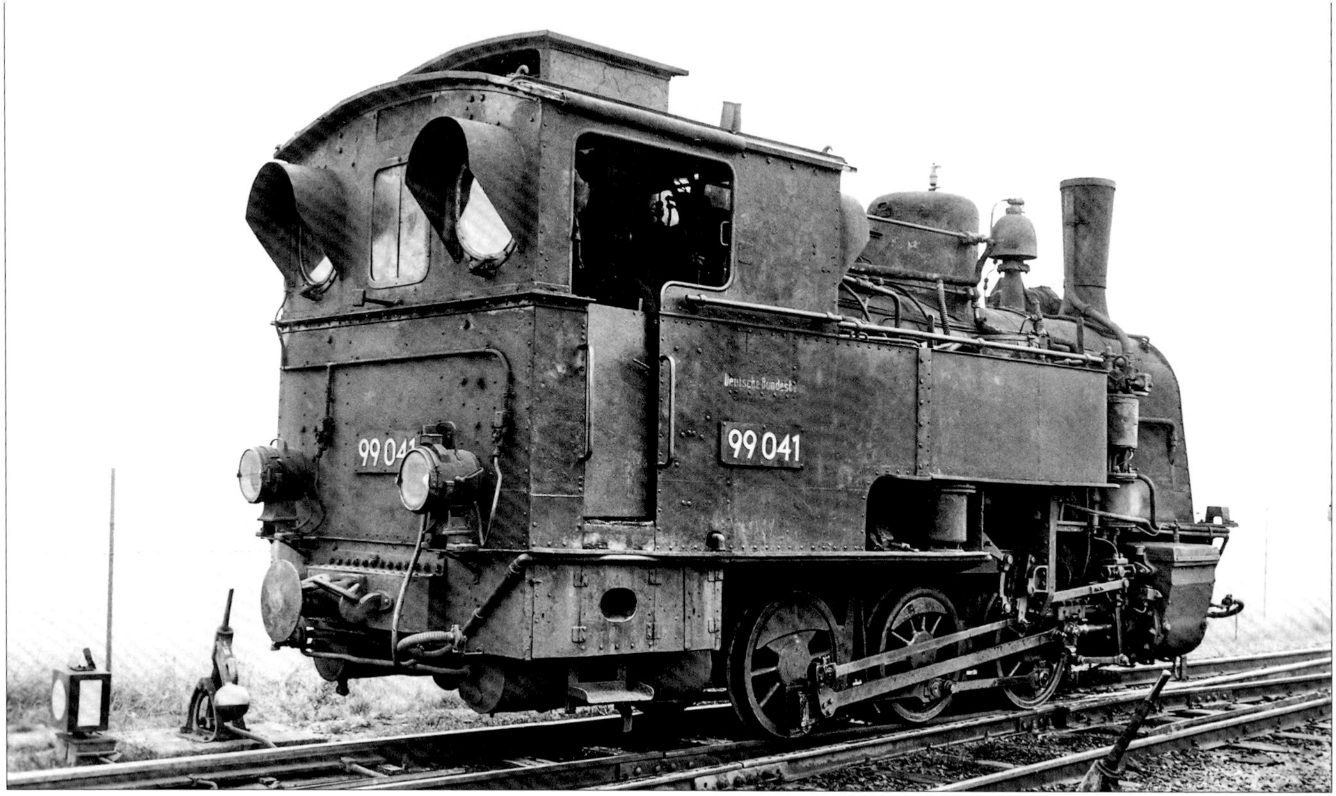

Bild 219
Für ihre 1.000-mm-Strecken in Thüringen ließ Preußen bei der Firma Hagans insgesamt 13 Lokomotiven der Gattung T 33 bauen. Drei Maschinen wurden von der Reichsbahn in die Pfalz umstationiert. **99 041** (Bw Neustadt/Haardt) am 13. November 1952 in ihrem Heimat-Bw.

Bild 220
Eine weitere T 33 in der Pfalz: **99 045** (Bw Neustadt/Haardt) vor P 3783 (Neustadt – Speyer) am 13. November 1952 im Lokalbahnhof Neustadt/Haardt.

Bild 221 Die Firma Krauss & Co. lieferte 1888 an die Bayerische Staatsbahn für ihr 1000-mm-Netz im Raum Ludwigshafen/Neustadt/Speyer sieben verkleidete Lokomotiven. Sie erhielten die Gattungsbezeichnung L 1 und römische Ordnungsnummern. **99 087** (Bw Neustadt/Haardt) am 13. November 1952 vor P 3787 (Neustadt – Speyer).

Bild 222 1906 beschaffte die Bayerische Staatsbahn drei weitere 1.000-mm-Lokomotiven für das pfälzische Netz. Sie wurden als Gattung Pts 3/3 H eingeordnet. **99 101** und **V 29 252** (beide Bw Ludwigshafen) am 23. März 1953 in Meckenheim.

Bild 223 Als Ersatz für die Ts 3 und Ts 4 lieferte die Maschinenfabrik Esslingen 1927 vier fünffach gekuppelte Tenderlokomotiven. In der Konstruktion entsprachen sie weitgehend der sächsischen VI K, hatten jedoch eine Spurweite von 1000 mm. **99 193** (Bw Freudenstadt) am 19. August 1966 im Bahnhof Altensteig mit einem Güterzug.

Bild 224 Für die „Walhalla-Bahn“ ließ die LAG drei C1’-Naßdampflokomotiven mit einer Spurweite von 1000 mm bei der Firma Krauss in München bauen. Bei der Übernahme der LAG durch die Deutsche Reichsbahn im Jahre 1938 erhielten die Maschinen die Betriebsnummern 99 251 bis 253. Hier die 1901 gebaute **99 252** (Bw Regensburg) im September 1955 in Regensburg.

Bild 225 **99 253** (Bw Regensburg), Baujahr 1908, ist die jüngste der drei Lokomotiven. Auch diese Aufnahme entstand im September 1955.

Bild 226 Die Deutsche Reichsbahn ließ von 1923 bis 1927 noch einmal 47 Maschinen der sächsischen Bauart VI K nachbauen. Elf dieser Lokomotiven kamen auf den württembergischen 750-mm-Strecken zum Einsatz. **99 682** (Bw Heilbronn) überquert mit P 307 (Heilbronn – Marbach) in Talheim die Schozach, 18. Juni 1952.

Bild 227 **99 716** (Bw Heilbronn) war auf der Zabergäubahn (Lauffen/Neckar – Leonbronn) eingesetzt. Am 9. Mai 1964 zeigt sie sich beschriftet vor einem Abschieds-Sonderzug im Bahnhof Lauffen (kleine Aufnahme), im November 1959 steht sie im Bahnhof Frauenzimmern-Cleebronn.

Bild 228
99 701 vom Bw Heilbronn bespannt am 17. Juni 1952 den P 20 (Lauffen – Leonbronn). Die Aufnahme zeigt sie mit elf Personenwagen im Bahnhof Lauffen.

Bild 229
Die Württembergische Staatsbahn stellte neun Mallet-Lokomotiven der Gattung Tssd in Dienst. Im Bahnhof Güglingen steht **99 638** (Bw Heilbronn) abfahrbereit mit einem Personenzug am 13. Juni 1952.

Bild 230 Für die 28 km lange Nebenbahn Mosbach – Mudau beschaffte die Firma Vering & Wächter 1904 vier 1000-mm-C-Kuppler bei der Firma Borsig. Als die Deutsche Reichsbahn am 1. Mai 1931 die Strecke übernahm, erhielten sie die Betriebsnummern 99 7201 bis 7204. Hier steht **99 7201** (Bw Neckarelz) am 12. Juni 1951 abfahrbereit mit einem Personenzug nach Mudau.

Bildbände von Carl Bellingrodt

Bundesbahn-Dampflokomotiven
[1978 – überarbeitete Neuauflage 2014]
260 x 215 mm
172 Seiten · ca. 250 s/w-Abb.
€ 29,80 · Bestellnr. 204

Die frühe Bundesbahn konnte viele ausgesuchte Eisenbahnraritäten vorweisen. Carl Bellingrodt ist DER Altmeister der Eisenbahnfotografie, der durch seine unermüdliche Schaffenskraft diese unwiederbringlichen Szenen aus der unmittelbaren Nachkriegszeit und der noch jungen DB im Bild festgehalten hat.

Als Deutschland noch in Trümmern lag und der Wiederaufbau in den Kinderschuhen steckte, war Carl Bellingrodt schon wieder mit der Kamera in der Hand an den Strecken, auf den Bahnhöfen und in den Betriebswerken unterwegs und hat dabei eine einmalige Eisenbahnatmosphäre dokumentiert.

Reichsbahn-Dampflokomotiven
Überarbeitete Neuauflage 2001
Format: 260 x 215 mm
208 Seiten · über 350 Abb.
€ 25,50 · Bestellnr. 283

Eisenbahnromantik am Rhein
[2006] · 260 x 215 mm
128 Seiten · ca. 180 Abb.
€ 24,80 · Bestellnr. 291

Eisenbahnreise mit Carl Bellingrodt
[2007] · 260 x 215 mm
112 Seiten · ca. 150 Farbabb.
€ 29,80 · Bestellnr. 300

Eisenbahnraritäten in Farbe
[2001 – Neuauflage 2010]
210 x 297 mm
144 Seiten · 250 Farbabb.
€ 35,– · Bestellnr. 272